Ln²⁷ 10663

ÉTUDE

SUR

ÉTIENNE DE LA BOÉTIE

PAR M. PRÉVOST-PARADOL,

PUBLIÉE

A L'OCCASION D'UNE FÊTE DE CHARITÉ

Donnée à Sarlat le 31 juillet 1864.

SE VEND AU PROFIT DES PAUVRES.

Prix : 1 franc.

PÉRIGUEUX

J. BOUNET, IMPRIMEUR, RUE D'ANGOULÊME, 18,
ET COURS MICHEL-MONTAIGNE, 22.

1864.

LA BOÉTIE.

I.

Les lettres ont comme la guerre leurs héros enlevés à la fleur de l'âge et au milieu de leur première victoire. Elles peuvent montrer leurs Hoche, leurs Marceau, leurs Desaix, qui ont traversé si vite la scène du monde, que la gloire a eu à peine le temps de toucher leur front et que leur vie, pleine de promesse, n'a été qu'une belle aurore. La Boétie, qui reçoit aujourd'hui de ses concitoyens un si glorieux hommage, est un des plus attrayants parmi ces illustres morts, et il est peu de figures sur lesquelles nos regards puissent aujourd'hui s'arrêter avec plus de profit pour nos âmes.

C'est le souvenir de La Boétie qui a inspiré à Montaigne les pages les plus touchantes qui soient sorties de sa plume. Si ce traité de *la Servitude volontaire* qui a donné à Montaigne le désir de le connaître et qui a conduit ces deux belles âmes à l'intimité la plus douce eût été dérobé, comme il a failli l'être, à la postérité, le nom de La Boétie n'en serait pas moins immortel, grâce à cette peinture achevée de l'amitié que Montaigne a placée sous son invocation et inséparablement confondue avec sa mémoire. Le chapitre sur l'amitié ne pouvait périr, et le nom de La Boétie ne pouvait plus en être arraché ; il est pour ainsi dire la sève de ce bel arbre, le plus gracieux peut-être de cette riche et capricieuse forêt des *Essais*, au milieu de laquelle il s'élève ; on sent qu'il est habité par une âme encore plaintive ; on croit voir, en l'approchant, un de ces lauriers ou de ces cyprès dans lesquels les dieux de l'Olympe enveloppaient doucement à leur dernière heure les mortels aimés qu'ils ne pouvaient empêcher de mourir.

Montaigne nous peint donc d'un même trait, dans ce chapitre, l'amitié la plus parfaite que les hommes puissent concevoir et l'amitié qui l'unissait à La Boétie. C'est pour lui qui écrit et pour nous qui le lisons une seule et même chose. Rien n'y a manqué : ni cette inclination mytérieuse, antérieure à toute rencontre, qui les faisait « s'embrasser par leurs noms » avant de s'être vus, ni cette prompte attraction des âmes qui les fit se confondre au point d'anéantir leurs volontés particulières en les plongeant l'une dans l'autre et en les transformant en une seule ; si bien qu'il leur eût été difficile de s'y reconnaître et de savoir qui des deux avait voulu le premier ou voulu d'avantage ce qu'ils voulaient toujours ensemble. Ce n'est point l'amitié qui unit le fils au père, et qui est limitée par des réticences aussi bien que tempérée par le respect ; ce n'est point l'amitié du frère pour le frère mêlée à l'idée du devoir et imposée par la commune origine ; c'est encore moins l'amitié de l'homme et de la femme, qui n'échappe guère à l'amour, soit que l'amour s'y mêle pour la détruire un jour, soit qu'il l'importune et la combatte en attirant l'âme ailleurs. Non, c'est l'amitié toute pure, forte de sa simplicité, fière de son libre choix, sûre de l'emporter sur tout et de survivre à tout. Dans ce libre et noble commerce, les mots de bienfaits, d'obligation, de remercîments, de reconnaissance n'ont plus de pouvoir, ni de signification même, et l'on y goûte un bonheur plein et tranquille, inimaginable à ceux qui ne l'ont point connu. Montaigne et La Boétie n'ont joui que quatre ans de ce bonheur. Ce fut une courte amitié, et l'on eut dit, à voir son ardeur, qu'elle se sentait menacée de près par la mort. Elle était en même temps animée et ennoblie par ce souffle de la renaissance et par cette jeune émulation avec toutes les grandeurs du monde antique qui enflammait alors tant de belles âmes : « Je vous avais choisi parmi tant d'hommes, disait La Boétie à Montaigne sur son lit de mort, pour renouveler avec vous cette sincère et vertueuse amitié de laquelle l'usage est par les vices dès si longtemps éloigné d'entre nous, qu'il n'en reste que quelques vieilles traces en la mémoire de l'antiquité. » Cette amitié était à l'épreuve de tout et bravait les distractions de l'amour. Montaigne nous dit, dans un superbe langage, que de ses deux passions l'une maintenait sa route d'un vol hautain et superbe et regardait dédaigneusement passer l'autre au-dessous d'elle. Pour La Boétie, on n'écrit point sans avoir aimé quatre vers comme ceux-ci :

> J'ai vu ses yeux perçants, j'ai vu sa face claire;
> Nul jamais sans son dam ne regarde les dieux;
> Froid, sans cœur, me laissa son œil victorieux,
> Tout étourdi du coup de sa forte lumière;

mais il n'est pas douteux que Montaigne n'ait possédé après tout et jusqu'au bout le meilleur de cette belle âme.

Ils étaient faits pour s'entendre ; même amour du beau, même goût pour l'antiquité, même modération en toutes choses. Après la mort prématurée de son ami et tout désireux qu'il est d'honorer sa mémoire, Montaigne renonce à publier la *Servitude volontaire*, parce qu'elle a déjà servi de texte à ceux qui veulent troubler l'Etat sans savoir s'ils pourront l'amender. Et nous entendons La Boétie, près d'expirer, exhorter doucement le frère de Montaigne, M. de Beauregard, à fuir les extrémités et à ne point se montrer âpre et violent dans son désir sincère de réformer l'Eglise. Mais, malgré ce commun éloignement pour toutes les apparences d'excès, il y avait en La Boétie une certaine ardeur d'ambition et un penchant à intervenir dans les affaires humaines, qui manquaient à Montaigne. Il avait plus de confiance, ou, si l'on veut, il se faisait plus d'illusion sur la possibilité de donner à l'intelligence et à l'honnêteté un rôle utile dans les divers mouvements de ce monde. Montaigne nous avoue que son ami eut mieux aimé être né à Venise qu'à Sarlat ; plus explicite encore dans une lettre au chancelier de l'Hôpital, il regrette que La Boétie ait « croupi aux cendres de son foyer domestique, » au grand dommage du bien commun. Ainsi, ajoute-t-il, sont demeurées oisives en lui beaucoup de grandes parties desquelles la chose publique eût pu tirer du service et lui de la gloire. On croirait volontiers entendre dans ce regret le murmure de La Boétie s'exhalant après sa mort par cette bouche fraternelle ; mais lui-même enlevé, comme Vauvenargues devait l'être un jour à la fleur de l'âge, laisse échapper en mourant ce que Vauvenargues avait répété toute sa vie : « Par adventure, dit-il à Montaigne, n'étois-je point né si inutile que je n'eusse moyen de faire service à la chose publique ? Quoi qu'il en soit, je suis prêt à partir quand il plaira à Dieu. »

Rien de plus tranquille ni de plus beau, rien de plus propre à servir de soutien et d'exemple que cette mort, telle que nous l'a peinte Montaigne qui en était le témoin et qui se voyait lentement arracher la moitié de lui-même. La grandeur d'âme s'y montre à découvert, non point par de vifs éclats et par d'orgueilleuses pensées, mais avec une lumière égale et constante que nos yeux peuvent endurer, qui élève notre esprit sans secousse et qui nous réchauffe le cœur. Notre façon d'accueillir la mort dit mieux que tout le reste de nos actions ce que nous sommes ; la fin de la Boétie est de celles qui honorent l'espèce humaine ; la mort venant avant son heure fut rarement acceptée et embrassée de meilleure grâce. Il remplit ses derniers devoirs envers tout le monde comme envers Dieu, il se résigna à tout quitter sans cesser d'aimer ceux qu'il aime ; il exhorte, il console, il est courageux et tendre ; il cite les anciens et il est plein de l'Evangile ; ce que l'antiquité a de plus ferme, ce que le christianisme a de plus humble et de plus doux se rencontre dans son cœur et sur ses lèvres ; rien ne lui manque enfin de ce que l'humanité a trouvé de plus noble et de meilleur pour se soutenir à travers cet obscur passage et pour s'encourager à regarder au delà, afin de le mieux franchir.

Tel était l'homme qui, dans la première ferveur de la jeunesse, a écrit en l'honneur de la liberté contre les tyrans, comme dit Montaigne, cet éloquent traité *de la Servitude volontaire*. Bien que l'inspiration de l'antiquité y soit à chaque pas reconnaissable, ce n'est point un de ces traités dogmatiques à la façon des anciens, dans lequel on rechercherait avec méthode la nature de la servitude et l'explication de ses causes ; c'est une pure in-

vective contre la lâcheté des peuples trop prompts à rendre leurs armes à la tyrannie et à s'endormir dans l'obéissance. Le jeune discoureur ne peut revenir de la surprise que cet aveuglement lui cause. Qu'un seul homme, et le plus souvent le moins redoutable et le moins respectable de tous, selon l'ordre de la nature et de la raison, soit accepté ou plutôt subi pour maître, qu'on lui abandonne ses biens, sa liberté et parfois l'honneur des siens et son propre honneur, tout ce qui fait enfin le prix de la vie, comment cela peut-il se faire ? par quel renversement des instincts naturels un si triste prodige peut-il s'accomplir et durer ? Il n'a pourtant que deux yeux, deux mains comme les autres, mais ce sont précisément les mains et les yeux de ceux qui le servent avec trop de complaisance qui lui donnent sur tous cet irrésistible empire. « Comment donc, s'écrie La
» Boétie, vous oseroit-il courir sus, s'il n'avait intelli-
» gence avec vous-mêmes ? Que vous pourroit-il faire
» si vous n'étiez recéleurs du larron qui vous pille, com-
» plices du meurtrier qui vous tue et traîtres de vous-
» mêmes ? Vous semez vos fruits afin qu'il en fasse le
» dégast, vous meublez et remplissez vos maisons pour
» fournir à ses voleries, vous nourrissez vos filles afin
» qu'il est de quoi saouler sa luxure, vous nourrissez vos
» enfants afin qu'il les mène pour le mieux qu'il fasse en
» ses guerres, qu'il les mène à la boucherie, qu'il les
» fasse les ministres de ses convoitises, les exécuteurs
» de ses vengeances... » Et cependant les bêtes mêmes essaient de se défendre contre celui qui veut les conquérir ; elles crient *liberté* dans leur langage, mais l'homme soutient lui-même son maître et ne peut prendre seulement sur lui de le laisser tomber.

De tous les maîtres qu'il peut avoir, le pire, selon La Boétie, ce n'est point celui qui règne par droit de conquête et qui abuse sans scrupule de son butin, ce n'est point celui qui a reçu son peuple comme un héritage et qui le traite en naturel esclave ; c'est celui qui « a le royaume par l'élection du peuple, à qui le peuple lui-même a donné l'Etat. » Il est le pire, dit La Boétie, parce que, résolu à ne « point bouger » du sommet où l'on l'a mis, et décidé « à rendre à ses enfants la puissance que le peuple lui a baillée », il a plus à faire que les autres pour « *estranger* ses sujets de la liberté encore que la » mémoire en soit fraîche. » Sa tâche est donc plus difficile que celle des autres ; aussi est-il réduit à l'exécuter avec plus d'énergie et plus de violence.

Mais la faiblesse de la nature humaine lui vient en aide, et ceux-là même qui ont d'abord servi par force s'accoutument par degrés à servir. Tout va mieux encore quand est éteinte la génération qui a vu la liberté et que pour les nouveaux venus ce n'est plus qu'un mot vide de sens. « Ceux qui, en naissant, se sont trouvés le joug au col, ne s'aperçoivent point du mal. » Mais ils ont perdu tout ce qui fait la dignité de l'homme, et quand on va de Venise à Constantinople, « n'estimerait-on pas que sortant d'une cité d'hommes on est entré dans un parc de bêtes ? » Deux choses entretiennent cette tyrannie, une fois fondée, l'ignorance et le goût des vils plaisirs. Il faut donc proscrire « les livres et la doctrine qui donnent » plus que toute autre chose aux hommes le sens de se » reconnaître et de haïr la tyrannie » ; il faut de plus leur prodiguer les divertissements les plus capables de les énerver et de les étourdir. C'est ainsi que Cyrus, maître de Sardes, y établit avant tout des tavernes, des théâtres, des jeux et tout ce qui pouvait favoriser le goût des plaisirs, et « il se trouva si bien de cette garnison » mise dans Sardes, qu'il n'eut plus besoin d'y tirer l'épée. De même à Rome, où les « théâtres, les jeux, les farces, les gladia- » teurs, les bêtes étranges, les tableaux et autres telles » drogueries étoient les appasts de la servitude. » La tyrannie n'est pas toujours aussi sincère dans son dessein d'efféminer les hommes, mais La Boétie assure que « sous main » elle ne « pourchasse » jamais autre chose. Et ce succès une fois obtenu, qui dira l'abêtissement sous lequel sert et languit cette multitude ? Les choses les plus claires lui échappent, et il n'est rien qu'on ne puisse attendre de sa stupidité : « Tel, dit La Boétie, eut amassé » aujourd'hui le sesterce (jeté au peuple), tel se fut gorgé » au festin public en bénissant Tibère et Néron de leur » belle libéralité, qui le lendemain estant contraint

» d'abandonner ses biens à l'avarice, ses enfants à la
» luxure, son sang même à la cruauté de ces magnifiques
» empereurs, ne disoit mot non plus qu'une pierre et ne
» se remuoit non plus qu'une souche. » Bien plus, la foule
dispense la plus entière popularité, elle garde son meilleur souvenir non-seulement à Jules César, qui « donna
congé aux lois et à la liberté », mais à Néron lui-même,
non-seulement à ceux qui ont fondé la servitude, mais à
ceux qui l'ayant trouvée établie en ont le plus abusé.

Quel est cependant le ressort, le fondement de cette
servitude? Qu'est-ce qui intéresse tant de gens au maintien de ce pouvoir despotique? Quel sentiment porte tant
d'hommes à lui prêter les mains, les yeux, les esprits
dont il a besoin et sans lesquels il ne pourrait exister un
seul jour? La Boétie ne voit d'autre cause à ce concours
d'indispensables serviteurs que l'intérêt personnel se
répandant de proche en proche, et rattachant les uns
par les autres une foule d'hommes à la tyrannie qui devient ainsi le centre de toutes les convoitises et la source
de tous les avantages. Cinq ou six ont l'oreille du maître; ces six en ont six cents « qui profitent sous eux; ces
» six cents tiennent sous eux six mille qu'ils ont élevés en
» état; et qui voudra dévider ce filet verra que non pas
» les six mille, mais les cent mille, les millions par cette
» corde se tiennent au tyran, qui s'en aide, comme dans
» Homère Jupiter, qui se vante, s'il tire la chaîne, d'ame-
» ner tous les dieux... » Voilà, selon La Boétie, le grand
ressort du pouvoir despotique; c'est là le secret qu'il
poursuivait de page en page en se demandant comment
la tyrannie pouvait exister et se soutenir sur la terre; et
cette organisation de la tyrannie est d'autant plus funeste, que c'est « tout le mauvais et toute la lie du
» royaume » qui s'amasse autour du tyran par une attraction naturelle, comme dans les corps les humeurs
affluent vers la partie malade. Triste avantage d'ailleurs
que d'être si voisin de la souveraine puissance, exposé
de si près à ses brusques caprices! N'est-ce pas Caligula
qui disait en embrassant sa plus chère maîtresse : « O la
belle tête qu'un seul mot de moi peut faire tomber! »
Évitons donc les tyrans; tenons nos yeux levés vers le

ciel et gardons notre honneur avec l'aide de Dieu, qui ne saurait aimer l'avilissement de ses créatures.

Tel est ce traité, qui n'est, à vrai dire, qu'un cri éloquent contre la servitude, mais qui nous explique à peine en quoi elle consiste et qui est bien loin de nous donner la raison véritable de son existence. Ce n'est point, en effet, nous découvrir le ressort du pouvoir despotique que de nous dire seulement qu'il intéresse de proche en proche un grand nombre d'hommes à son maintien et à sa prospérité. Il y a des causes plus profondes à ce fléau lorsqu'il se déclare dans une société humaine et qu'il la consume. Il revêt des formes diverses, il parle divers langages, il agit de diverses manières, et si La Boétie a saisi au vif quelques-uns de ses caractères les plus généraux et les plus durables, il est bien d'autres traits importants de sa physionomie qu'il a laissés dans l'ombre. Il n'a point cherché où commence la tyrannie, où finit le pouvoir légitime, nécessaire au maintien de toute société humaine ; il n'a rien dit qui pût nous aider à entrevoir en quel moment, de quelle façon la juste obéissance qu'une créature raisonnable peut comprendre et souffrir perd son nom pour prendre le nom honteux de servitude. En un mot, il soulève plus de questions qu'il n'en résout, et en agitant avec une éloquence si brûlante ce triste sujet de méditation pour les plus nobles intelligences, il nous instruit moins qu'il ne nous oblige à penser. Franchissons donc les bornes un peu étroites de ce discours et cherchons nous-mêmes ce que c'est véritablement que la servitude, à quoi on peut la reconnaître et d'où elle vient.

II.

Si la servitude n'était fondée, comme La Boétie paraît le croire, que sur l'abêtissement du grand nombre et sur l'intérêt personnel des malhonnêtes gens, groupés autour d'un pouvoir despotique, elle n'aurait aucune chance de durée, et on ne la verrait jamais longtemps abaisser et ravager un peuple. Elle a des fondements plus solides, et si l'on étudie de près ce qui la soutient, on découvrira, comme il arrive le plus souvent, une parcelle de justice et de vérité qui prête sa force à un échafaudage de mensonges. Rien de complètement faux et d'absolument mauvais ne peut se soutenir dans le monde, et c'est dans un mélange, à la vérité fort inégal, de mal et de bien qu'il faut chercher la raison de tout fléau qui dure. L'obéissance est la condition inévitable et l'indispensable lien de toutes les sociétés humaines ; c'est cette obéissance juste et nécessaire qui, altérée dans ses traits essentiels et détournée de son but légitime, devient la servitude. Mais alors même que cette obéissance est ainsi gâtée et déshonorée, alors même qu'elle a changé de nom aux yeux de tous ceux qui pensent, elle n'en garde pas moins une partie de sa vertu parce qu'alors même on la sent nécessaire et qu'on ne peut songer à s'en passer. L'art de la tyrannie consiste à confondre cette obéissance avec la servitude au point que les deux choses paraissent n'en faire plus qu'une seule et que le vulgaire devienne incapable de les distinguer. Les gens sages ne s'y trompent pas aussi aisément que le vulgaire, mais ils peuvent désespérer de séparer deux choses si adroitement mêlées ; et s'ils ne voient aucun moyen de rendre à l'obéissance, sans laquelle la société ne peut vivre, sa noblesse et sa pureté naturelles, les plus honnêtes d'entre eux peuvent être tentés de l'endurer sous la forme mensongère et pesante qu'on lui a donnée, plutôt que d'ébranler inutilement tout l'Etat. C'est ce genre de résignation qui s'est appelé dans tous les temps et dans toutes les langues, *préférer la servitude à l'anarchie*; et cette expression si familière n'exprime pas autre chose qu'un certain désespoir de dégager l'obéissance raisonnable et nécessaire de l'obéissance déréglée et honteuse avec laquelle on l'a trop habilement confondue. Ce désespoir ou, si l'on veut, cette défiance d'eux-mêmes et de la fortune poussée jusqu'à la résignation que les honnêtes gens peuvent ressentir est donc le fondement véritable de toute tyrannie qui subsiste un certain temps sur la terre. Elle ne se soutient, comme La Boétie l'a clairement vu, que si on l'endure ; mais on ne l'endure que par le désespoir d'y porter remède ou, ce qui revient au même, par la crainte d'encourir un mal plus grand encore en essayant de s'en affranchir. Et ceux qui aiment à réfléchir peuvent comprendre ici, sans qu'il soit besoin de s'y arrêter, pourquoi la servitude ne peut guère être accompagnée, chez les peuples qui l'endurent, d'aucune générosité de sentiments, d'aucun bel effort de génie ou de vertu, pourquoi il y a une guerre secrète et perpétuelle entre elle et tout ce qui élève ou enhardit le cœur de l'homme : c'est qu'elle provient avant tout du découragement de l'âme humaine, de l'impuissance qu'elle se reconnaît ou se suppose, et que par là elle tient de près aux idées et aux sentiments les plus propres à nous énerver et à nous allanguir.

J'ai dit sur quoi repose la servitude et dans quel sens elle mérite, en effet, le nom de volontaire. En quoi cependant consiste-t-elle elle-même? A quel moment peut-on dire qu'elle existe, à quel signe peut-on reconnaître que la limite de l'obéissance raisonnable est franchie et qu'une société humaine, détournée du droit chemin par les événements ou par une main coupable, a fait le premier pas vers les tristes et malsaines régions de l'esclavage? Cette limite qui sépare l'obéissance nécessaire et légitime de la servitude est variable, selon les lieux et les temps, selon l'état des sociétés qui ont besoin de plus ou moins de discipline pour se soutenir, selon l'état des âmes qui peuvent accorder plus ou moins d'obéissance sans s'abaisser. Ne croyez point cependant vous échapper par ce chemin, apologistes de la servitude, en vous écriant que cette concession suffit, qu'il est des sociétés où ce que nous entendons par despotisme est nécessaire, et que ce mot même est vide de sens puisqu'il peut s'appliquer à des états tout différents. Oui, la limite de l'obéissance légitime est variable, et ce qui pourrait être servitude à Paris ou à Londres pourrait ne point l'être à Constantinople ou à Ispahan ; mais si cette limite est variable, on n'en est que plus certain de la bien connaître où l'on se trouve, et par sa flexibilité même elle échappe à ces chances d'erreur que les règles trop absolues ne peuvent guère éviter. Du reste, cette flexibilité n'exclut pas toute règle, et il est des signes constants auxquels la servitude peut se reconnaître. On peut dire qu'elle existe lorsqu'un peuple est tenu éloigné du degré de liberté dont il est évidemment capable, ou mieux encore lorsqu'il est privé de la liberté dont il a joui pendant un temps assez long d'une façon régulière. Il est certain, par exemple, qu'en se refusant à l'extension des priviléges du Parlement aussi bien qu'au maintien de quelques-uns de ses anciens droits, Charles Ier tendait doublement à mettre le peuple anglais en servitude, et que la révolution qui l'a renversé fut légitime. Il est plus évident encore qu'en « donnant congé, selon l'expression admirable de La Boétie, aux lois et à la liberté », c'est-à-dire en confondant dans leur main tous les pouvoirs, en se déclarant tribuns perpétuels du peuple, en présentant leurs candidats aux fonctions consulaires et en faisant des comices une formalité vaine, César et Auguste ont efficacement, et pour toujours, réduit le peuple romain en servitude.

Mais j'entends déjà qu'on triomphe de ce dernier exemple, et qu'on s'écrie : Si ce changement d'état était nécessaire chez le peuple romain comme il peut l'être pour d'autres, pourquoi le déplorer comme un malheur, pourquoi le reprocher comme un crime à ceux qui l'ont accompli? Pourquoi parler de tyran et de servitude? — Je demanderai à mon tour pourquoi les choses inévitables changeraient de nom et de valeur parce qu'elles sont inévitables, et pourquoi l'asservissement d'un peuple cesserait d'être un malheur et un crime parce que ses fautes, ses discordes, sa mollesse, l'ont irrévocablement jeté sur cette funeste pente et l'ont précipité vers cet abîme. Ni le peuple qui s'est mis dans cet état de souffrir et parfois d'invoquer comme un bien relatif un mal profond et incurable, ni les hommes qui ont été choisis par la destinée ou qui se sont sentis appelés par leur perversité naturelle à inoculer ce poison à leur patrie ne sont innocents et encore moins recommandables, par cela seul que les uns et les autres se sont laissé aller au courant qui les poussait tous ensemble. On voit et il se passe sur la vaste scène du monde bien des choses inévitables dont la nécessité ne peut atténuer la laideur : la servitude est de ce nombre et aussi le tyran qui doit paraître en même temps qu'elle ; il n'y a point cependant de servitude honorable ni de tyran innocent, et de tels mots ne s'accorderont jamais dans les langues humaines. Nulle société ne s'est encore passée de supplices ; qui a jamais mis sa gloire à être bourreau ? Je ne sais s'il faut ajouter foi aux prédictions flatteuses qu'on nous prodigue sur l'avenir de notre race ; je ne sais si nos descendants jouiront, comme on l'assure, d'une paix profonde et d'une inviolable liberté repandues sur toute la terre ; mais aussi longtemps que le monde verra ce qu'il a toujours vu depuis qu'il existe : des Etats se former et périr, des sociétés se civiliser et se corrompre, des peuples s'élever à la liberté, s'y maintenir un certain temps, puis s'abîmer dans la servitude, on aura beau remarquer ou prétendre qu'une loi supérieure à tous nos efforts provoque périodiquement et ordonne ces décadences, il sera toujours beau de s'en défendre, coupable d'en profiter, honteux d'y concourir. Ne nous est-il pas aussi ordonné à tous de mourir un jour ? Ne devons-nous pas tous retourner en poussière ? Et cependant le mal qui termine notre vie est un fléau, et celui de nos semblables qui nous l'arrache un meurtrier.

Etre tenu éloigné de la liberté dont on est capable ou privé de celle dont on a joui, voilà donc les signes constants de la servitude ; mais afin qu'il ne subsiste aucune obscurité dans ces sortes de choses et que notre mollesse n'ait point d'excuse, un signe intérieur nous a été donné qui nous avertit, à ne pouvoir nous y méprendre, de notre état de servitude. C'est l'humiliation que nous ressentons en accordant à notre semblable plus d'obéissance qu'il ne lui en est dû selon l'ordre de la nature et de la raison. Cette humiliation intérieure est pour ainsi dire d'ordre divin, en ce sens qu'elle est inévitable et involontaire et que l'homme le plus dévoré de la passion de servir sait qu'il sert, et se méprise au-dedans de lui-même presque autant qu'il le mérite. Enfin, cette honte instinctive est si bien le signe moral de la servitude, qu'elle suit la servitude à travers ses transformations les plus diverses, et est enfermée, comme elle, dans des limites variables selon les lieux et les temps. Un honnête homme de la cour de notre roi Louis XIV pouvait, par exemple, ne point se sentir humilié de certains actes de déférence que le plus vil courtisan de nos jours hésiterait à remplir envers le plus adulé des souverains modernes ; d'un autre côté, ce Français du dix-septième siècle n'aurait pu supporter l'idée de témoigner à ce grand roi le respect abject en usage chez les Mèdes et les Perses. Cette humiliation intérieure est donc variable comme la servitude, et elle avertit que la servitude existe parce qu'elle ne paraît dans l'âme que si l'acte commis est réellement servile par rapport au lieu et au temps qui le voient se produire ; mais rien alors ne peut l'empêcher de paraître et de crier à la conscience de l'homme qu'il est esclave et qu'il se résigne à l'être. Cette voix de la dignité humaine mortellement blessée s'entend plus aisément que jamais si la servitude est nouvelle et si le souvenir d'un état meilleur est récent, parce que la comparaison, impossible à éviter entre le présent et un passé si voisin rappelle sans cesse à l'homme qu'il sert et qu'il est honteux de servir. Plus la servitude est donc incontestable et réelle, plus cette humiliation, qui en est le signe, est importune et vive, plus il est interdit à l'homme de s'y méprendre ou de l'oublier. En général, loin de lui donner le désir d'être meilleur, cette humiliation constante le rend pire ; car une fois que l'homme a de bonnes raisons pour se mépriser lui-même et qu'il en prend son parti, il devient capable de tout. La Boétie a donc bien fait de remarquer que la servitude nouvellement établie devenait aisément la pire de toutes, et qu'en ce genre de chute on tombe d'autant plus lourdement qu'on tombe de plus haut.

Ne perdons point de vue cette limite variable de la servitude, et accoutumons-nous à ne point regarder la tyrannie comme inséparable de ces images violentes et grossières dont les mœurs des anciens, le peu d'étendue et le peu d'unité de leurs Etats l'avaient entourée. La femme de bois et de clous de Nabis qui meurtrissait en les serrant dans ses bras les plus riches citoyens de Sparte asservie jusqu'à ce qu'ils eussent fait l'abandon de leur fortune, serait un meuble fort inutile dans les temps modernes où la collection régulière et savante des impôts peut suffire à tous les besoins. L'arbitraire des exécutions dans l'ancienne Rome, les ordres de mort envoyés par le prince, le centurion et son glaive, la lancette du médecin grec et l'effusion volontaire du sang dans l'eau tiède sont des vieilleries bonnes pour ces temps inhabiles où la puissance souveraine devait suppléer par la terreur à l'imperfection de ses instruments, où l'on ne connaissait pas l'art devenu vulgaire de tout embrasser, de tout contenir, de tout courber, d'étendre sur tous et partout comme un réseau vivant d'autorité. Bien plus, une société peut n'être en proie ni au meurtre, ni au pillage, les droits de chacun peuvent être même jusqu'à un certain point respectés, et cette société peut cependant, par la violation évidente du droit de tous, être réduite et maintenue en servitude. Prenons un exemple qui nous soit familier et considérons un instant l'Angleterre. Deux sortes de droits y existent aujourd'hui et s'y appliquent sans être contestés par personne. Le premier, que j'appellerais volontiers le droit personnel, consiste en ce point, que chaque Anglais a des garanties fortes et nombreuses de n'être lésé par le pouvoir ni dans ses biens ni dans sa personne ; le second, qui mérite le nom de droit national, consiste en ceci, que le peuple anglais décide souverainement, par le moyen de son Parlement et des ministres qui en dépendent, de la politique extérieure et intérieure du pays. N'est-il pas aisé de concevoir et d'imaginer un concours de circonstances qui, sans porter atteinte aux droits personnels de chaque Anglais, les priverait tous ensemble de leur droit national ? Ne peut-on supposer un nouvel état de choses où leurs ministres ne relèveraient plus de leurs assemblées, où la décision en temps opportun de leurs plus grandes affaires serait enlevée à leur Parlement, où ce Parlement enfin, atteint dans sa formation par l'intervention excessive et prépondérante du pouvoir central, ne serait plus que l'ombre de lui-même ? Certes, l'Angleterre, après ce grand changement, ne ressemblerait pas tout d'un coup à l'ancienne Rome ou à la Syracuse de Denis-le-Tyran. On pourrait y vivre avec sécurité, y trafiquer avec liberté, y jouir de ses biens, les échanger, les transmettre ; on pourrait même parler de temps à autre de la marche des affaires publiques et s'en plaindre, faire même semblant d'élire et semblant de discuter ; mais l'histoire qui va au fond des choses, et qui ne se paie pas de mots dirait qu'à partir de tel jour la mesure d'obéissance que le peuple anglais devait à son gouvernement a été franchie, en d'autres termes que l'Angleterre a été ce jour-là réduite en servitude ; et le cœur humilié de chaque Anglais le lui dirait à lui-même avec cette insistance et cette clarté dont nous parlions tout à l'heure.

Il suffit maintenant que cette tyrannie existe, ou, si l'on veut, que cette suppression d'une liberté capitale de fait et de droit ait été accomplie pour qu'aussitôt on retrouve dans la société qui aurait éprouvé ce malheur tous les caractères que La Boétie a reconnus et signalés dans l'état de servitude. C'est une éternelle vérité que l'image de cette chaîne, rattachant au tyran tous ceux qui participent à son pouvoir et en profitent, depuis le plus arrogant jusqu'au moins redouté ; c'est une vérité que les pires sont tout d'abord attirés vers lui comme les humeurs du corps autour d'une plaie qui le dévore ; c'est une vérité que la foule ignorante est portée à l'aimer en raison de son despotisme même, et à faire de son pouvoir illimité le centre unique de ces espérances sans bornes et de ce vague désir du mieux qui couvent toujours au sein des multitudes ; c'est une vérité qu'un tel régime est favorable à tous les genres de plaisirs qui peuvent distraire les hommes de leurs devoirs envers eux-mêmes ; c'est enfin une éternelle vérité (et la plus honorable pour la nature humaine) que ceux qui se refusent à ces distractions vaines et qui ne se laissent point aller à ce joyeux délire sont suspects, comme ceux dont la pâleur déplaisait à César, de chercher à garder la dignité de leur âme et de regretter la liberté perdue.

Quiconque a exprimé avec bonheur une de ces vérités qui ne changent point et que chaque pas de l'humanité confirme, est assuré de vivre dans la mémoire de notre race, et mérite en effet de n'y point mourir. La Boétie était un savant et ardent ami de l'antiquité, un poète aimable et souvent énergique ; il a fait de beaux vers, il a traduit, avec une grâce digne d'Amyot, l'*Economique*, de Xénophon, la *Ménagerie* comme il l'appelle d'un nom heureux et juste que nous aurions dû garder ; rien de tout cela cependant ne l'aurait fait vivre à travers le temps. Mais Montaigne a écrit sur lui un chapitre des *Essais*, lui-même il a écrit la *Servitude volontaire*, et le voilà immortel, car son nom est étroitement uni aux mots d'amitié et de liberté, mots divins que rien n'effacera du langage des hommes.

Jt4. Périgueux. Imp. J. BOUNET, rue d'Angoulême, 18.

www.ingramcontent.com/pod-product-compliance
Lightning Source LLC
Chambersburg PA
CBHW060455050426
42451CB00014B/3331